AF459825

RÉQUISITOIRE

Sur lequel est intervenu l'Arrêt du Parlement du 18 Août 1770, qui condamne à être brûlés différens Livres ou Brochures, intitulés :

1.° *La Contagion sacrée,* ou *l'Histoire Naturelle de la Superstition :* 2.° *Dieu & les Hommes :* 3.° *Discours sur les Miracles de Jésus-Christ :* 4.° *Examen critique des Apologistes de la Religion Chrétienne :* 5.° *Examen impartial des principales Religions du monde :* 6.° *Le Christianisme dévoilé,* ou *Examen des principes & des effets de la Religion Chrétienne :* 7.° *Système de la Nature,* ou *des Loix du Monde physique & du Monde moral.*

Imprimé par ordre exprès du Roi.

MESSIEURS,

JUSQUES à quand abusera-t-on de notre patience? s'écrioit l'Orateur Romain, dans un temps où la République, exposée à toutes les fureurs d'une faction prête à éclater, comptoit au nombre des conjurés les citoyens les plus illustres, mêlés avec la plus vile populace.

Ne pouvons-nous pas aujourd'hui adresser les mêmes paroles aux Écrivains de ce siècle, à la vue de cette espèce de confédération, qui réunit presque tous les Auteurs, en tout genre, contre la Religion & le Gouvernement? Il n'est plus possible de se le dissimuler; cette ligue criminelle a trahi elle-même son secret. Son but principal est de détruire l'harmonie établie entre tous les ordres de l'État, & maintenue par la relation intime qui a toujours subsisté entre la doctrine de l'Église & les Loix politiques.

Oui, Messieurs, depuis l'extirpation des hérésies qui ont troublé la paix de l'Église, on a vu sortir des ténèbres un système plus dangereux par ses conséquences que ces anciennes erreurs, toujours dissipées à mesure qu'elles se sont reproduites. Il s'est élevé au milieu de nous une secte impie & audacieuse; elle a décoré sa fausse sagesse du nom de Philosophie; sous ce titre imposant, elle a prétendu posséder toutes les connoissances. Ses partisans se sont élevés en précepteurs du genre humain. *Liberté de penser*, voilà leur cri, & ce cri s'est fait entendre d'une extrémité du monde à l'autre. D'une main, ils ont tenté d'ébranler le Trône; de l'autre, ils ont voulu renverser les Autels. Leur objet étoit d'éteindre la croyance, de faire prendre un autre cours aux esprits sur les institutions religieuses & civiles; & la révolution s'est pour ainsi dire opérée. Les prosélites se sont multipliés, leurs maximes se sont répandues: les Royaumes ont senti chanceler leurs antiques fondemens; & les Nations, étonnées de trouver leurs principes anéantis, se sont demandé par quelle fatalité elles étoient devenues si différentes d'elles-mêmes.

C'est à la Religion sur-tout que ces Novateurs ont cherché

à porter les coups les plus funeſtes; il ſe ſont acharnés à déraciner la foi, à corrompre l'innocence, & à étouffer dans les ames tout ſentiment de vertu.

Ceux qui étoient le plus faits pour éclairer leurs contemporains, ſe ſont mis à la tête des incrédules: ils ont déployé l'étendard de la révolte, &, par cet eſprit d'indépendance, ils ont cru ajouter à leur célébrité. Une foule d'Écrivains obſcurs, ne pouvant s'illuſtrer par l'éclat des mêmes talens, a fait paroître la même audace; & ils n'ont dû leur réputation qu'à la licence de leurs Écrits, & au funeſte appât du pyrrhoniſme qu'ils ont préſenté.

Tantôt ils ont fait de l'irréligion le fonds même de leurs ouvrages; tantôt ils l'ont mêlée dans des Écrits obſcènes & voluptueux, comme pour l'inſinuer dans l'eſprit de la jeuneſſe, avec le charme des peintures laſcives, & pour faire tourner au profit de l'impiété le déſordre même qu'ils portoient dans les ſens.

Les cœurs purs, les ames honnêtes, ont été attirés par des maximes inſidieuſes, qui ſembloient dictées par la bienfaiſance; & la droiture de leurs ſentimens leur a fait illuſion, ſur des principes d'autant plus dangereux qu'ils paroiſſoient tendre au bonheur de l'humanité.

Avec les eſprits graves, on a pris le ton de la méthode & de la réflexion. On a préſenté des Écrits légers & agréables aux eſprits frivoles & ſuperficiels. On a ſemé des doutes, que le ſimple n'étoit pas en état de réſoudre; & le ridicule a achevé d'entraîner ceux que les faux raiſonnemens n'avoient pu perſuader.

Cette ſecte dangereuſe a employé toutes les reſſources; &, pour étendre la corruption, elle a empoiſonné, pour ainſi dire, les ſources publiques. Éloquence, Poëſie, Hiſtoire, Romans, juſqu'aux Dictionnaires, tout a été infecté; & nos théâtres eux-mêmes ont renforcé ces maximes pernicieuſes, dont le poiſon acquéroit un nouveau degré d'activité sur l'esprit national, par l'affluence des spectateurs & l'énergie de l'imitation. Enfin, la Religion compte aujourd'hui presque autant d'ennemis déclarés, que la Littérature se glorifie d'avoir formé de prétendus Philosophes ; & le Gouvernement doit trembler, de tolérer dans son sein une secte ardente d'incrédules, qui semble ne chercher qu'à soulever les peuples, sous prétexte de les éclairer.

Nous n'ignorons pas à quelle haine nous nous exposons, en osant déférer aux Magistrats une cabale aussi entreprenante qu'elle est nombreuse. Mais quelque risque qu'il puisse y avoir à se déclarer contre ces apôtres de la tolérance, les plus intolérans des hommes, dès qu'on se refuse à leurs opinions ; nous remplirons le ministère qui nous est confié, avec l'intrépidité que donnent la défense de la vérité & l'amour du bien public.

Non, il ne nous est plus permis de garder le silence sur ce déluge d'Écrits, que l'irréligion & le mépris des Loix ont répandus depuis quelques années. Nous étions occupés à rassembler toutes ces productions funestes, lorsque nous avons été informés que ce même désordre avoit excité la juste indignation de l'Assemblée générale du Clergé de France. Le Roi lui-même nous a fait connoître que les Évêques de son royaume avoient porté aux pieds du trône, des plaintes également vives & respectueuses, sur l'audace effrénée des Écrits irréligieux.

Vous applaudirez, sans doute, à une démarche que la Religion outragée attendoit du zèle de ses premiers Ministres, & dont la piété du Roi annonçoit le succès ; & vous ne serez pas étonnés que joignant nos efforts à ceux de cette illustre Assemblée, nous portions aujourd'hui, dans le temple de la Justice, les mêmes plaintes & les mêmes voeux. Les Ministres, dépositaires de l'autorité de l'Église, & les Magistrats, dépositaires de la puissance du

Souverain, ſe doivent mutuellement l'exemple du zèle & de la vigilance pour le maintien de la Religion. Le Ciel & les Loix ont dû confier aux Magiſtrats, auſſi-bien qu'aux Évêques, le ſoin honorable de la défendre, & de lui faire porter autant de reſpect par ſes ennemis, qu'elle a de prix pour ſes véritables enfans : obligation d'autant plus étroite pour les Magiſtrats, que l'impiété n'attaque pas moins l'État que l'Égliſe, & que ſes attentats renverſent autant l'ordre civil que l'ordre ſpirituel.

Tel eſt cependant le reproche qu'on peut faire aux auteurs des Ouvrages que nous venons dénoncer à la Juſtice: ce ne ſont pas ſeulement les livres déjà flétris, qui continuent, malgré les anathèmes de la Religion, & malgré l'animadverſion des Tribunaux, à corrompre les mœurs: l'impiété féconde les eſprits, elle fait lever chaque jour des ſémences nouvelles, non moins pernicieuſes que les premières, & toujours répandues avec la même impunité. Elle dédaigne déjà la précaution de s'envelopper ſous des voiles, ſes blaſphèmes éclatent, les dépôts d'irréligion ſont dans toutes les mains, on les met à plus haut prix pour exciter la curioſité, & leur donner plus d'importance & plus d'attrait. Les femmes elles-mêmes, s'initient à ces connoiſſances d'impiété ou de ſepticiſme ; & négligeant les devoirs qui leur ſont propres, & qu'elles ſeules peuvent remplir, elles paſſent une vie oiſive dans la méditation de ces Ouvrages ſcandaleux.

A peine ſont-ils devenus publics dans la Capitale, qu'ils ſe répandent comme un torrent dans les provinces, & dévaſtent tout ſur leur paſſage. Il eſt peu d'aſiles qui ſoient exempts de la contagion ; elle a pénétré dans les atteliers, & juſque ſous les chaumières : bientôt plus de foi, plus de religion & plus de mœurs: l'innocence primitive s'eſt altérée ; le ſouffle brûlant de l'impiété a deſſéché les ames, & a conſumé la vertu.

Le peuple étoit pauvre, mais consolé; il est maintenant accablé de ses travaux & de ses doutes: il anticipoit par l'espérance sur une vie meilleure; il est surchargé des peines de son état, & ne voit plus de terme à sa misère, que la mort & l'anéantissement.

C'est peu de voir multiplier les fruits malheureux de la fureur impie de nos propres Écrivains; il s'est établi un commerce de poison avec l'Étranger. Les haines nationales se taisent devant l'impiété; elle est devenue un lien funeste qui réunit les esprits les plus divisés: elle ne craint pas même de violer la cendre des morts, de calomnier leur esprit, & croit peut-être encore honorer leur mémoire. Elle les ressuscite pour tirer des noms connus qu'elle usurpe, l'ascendant dont elle a besoin; elle annonce sa doctrine comme l'ouvrage d'un auteur décédé depuis plusieurs années: par-là elle met le tombeau pour barrière entr'elle & les poursuites qu'elle redoute, & jouit ainsi à la fois du Ciel qu'elle outrage, & de sa Patrie qu'elle corrompt.

Vous reconnoîtrez, Messieurs, cette imposture sacrilége dans deux des Ouvrages dont nous allons vous rendre compte.

Entre tous ceux qui se sont distribués depuis quelque temps, nous avons choisi les plus révoltans & les plus criminels. Ce ne sont pas, sans doute, les seuls dont la Religion ait à se plaindre; & il nous seroit facile de mettre sous vos yeux une liste effrayante des productions que notre siècle doit désavouer: mais nous avons pensé qu'il suffiroit de vous présenter ceux qui nous ont paru les plus propres à faire connoître le génie de l'impiété, le genre de vérités qu'elle attaque, le but qu'elle se propose, la marche qu'elle a suivie, & le danger imminent du mal, dont il est temps que la loi s'occupe, & qu'elle cherche le remède.

Nous ne nous attacherons pas à vous présenter un examen détaillé & approfondi de tous ces différens Ouvrages; nous ne ferons que vous donner une idée succinte & générale des principes qu'ils renferment : leur seule énonciation en sera la première réfutation.

I.er
La Contagion sacrée, *ou* l'histoire naturelle de la Superstition : Ouvrage traduit de l'Anglois.
Prima mali labes.
Londres, 1768.

Le premier de ces ouvrages est une invective amère contre la Révélation prise en elle-même : c'est une traduction de l'Anglois, & l'auteur s'est attaché à montrer la Révélation comme une imposture, comme une contagion sacrée, dont tous les esprits & tous les Gouvernemens ont éprouvé les sinistres effets, comme le fatal instrument dont l'ambition s'est servie pour opprimer la Terre, & enfin comme une invention funeste, incompatible avec la saine morale, & nécessairement liée avec la servitude, le fanatisme & la superstition.

II.
Dieu & les Hommes. Œuvre théologique, mais raisonnable ; en XLIV chapitres.
Londres, 1770.

Le second de ces Écrits n'est dans sa plus grande partie, qu'un tissu de sarcasmes contre la Loi de Moyse & la Religion Chrétienne, que l'auteur veut faire passer pour les productions les plus méprisables de la folie humaine, tandis qu'il ne parle qu'avec respect ou indulgence des autres Religions & des superstitions sans nombre dont elles sont infectées.

Jésu, qui n'a jamais rien écrit, dit cet auteur, *qui est venu si long-temps après Platon, & qui n'a paru que chez un peuple barbare, ne peut être le fondateur d'une doctrine plus ancienne que lui, & qu'assurément il ne connoissoit pas.*

Le Platonisme est le père du Christianisme, & la religion Juive en est la mère ; or quoi de plus dénaturé que de battre son père & sa mère, &c.

Tous les efforts de cet Écrivain tendent à démontrer qu'*on a perverti horriblement la Philosophie,* & il finit par s'écrier que *le temps est venu de lui rendre enfin sa première pureté.*

III. Discours sur les miracles de Jésus-Christ : traduit de l'Anglois de Woolston.

Nostrum est tantas componere lites.

XVIIIe siècle.

Le troisième est encore une traduction d'un ouvrage Anglois qui n'offre qu'une satyre contre les miracles opérés par Jésus-Christ, & consignés dans nos livres saints : cette satyre est d'autant plus insultante, que l'auteur s'est efforcé de l'appuyer du témoignage même des Pères de l'Église, & de protestations ironiques de respect & d'attachement pour Jésus-Christ & pour son Évangile.

IV. Examen critique des Apologistes de la Religion Chrétienne, par M. Fréret, Secrétaire perpétuel de l'Académie des Inscriptions & Belles-Lettres. *In-12, 1767.*

Le quatrième, attribué à un des Secrétaires perpétuels de l'Académie royale des Inscriptions & Belles-Lettres, & qui n'a paru que, quand il n'a plus été en état de le désavouer, a pour objet l'examen des motifs de crédibilité que les Apologistes de la Religion chrétienne ont allégués en sa faveur, & il n'en est aucuns que malgré leur évidence, l'auteur ne cherche à affoiblir ou à détruire.

V. Examen impartial des principales Religions du monde.

Le cinquième, dans un examen prétendu impartial des principales Religions du monde, attaque tous les faits qui établissent la divinité du Christianisme ; & par une injustice commune à tous les Écrivains prévenus, il s'arme d'un côté d'un Pyrrhonisme outré, contre ce que la Religion a de plus évident ; & de l'autre, il tombe dans une crédulité puérile sur tout ce qu'il est obligé de supposer pour se dispenser de la foi.

VI. Le Christianisme dévoilé, *ou* Examen des principes & des effets de la Religion Chrétienne. *In-8.° 1767.*

L'auteur du sixième croit avoir dévoilé le Christianisme en nous le représentant comme une Religion de mensonge & de sang, & qui a rempli la Terre de fables dangereuses & de dissentions cruelles ; & il s'imagine en avoir rendu la morale odieuse, parce qu'il l'a défigurée au gré de son imagination.

VII. Système de la Nature, *ou* des Loix du Monde

Le septième & le dernier des Ouvrages que nous apportons à la Cour, est le comble du scandale, & couronne tous les attentats

attentats dont l'impiété eſt coupable envers l'État & la Religion. Il nous a paru mériter une analyſe exacte, non-ſeulement parce qu'il réunit tous les blaſphèmes & les abſurdités des ſix premiers, qu'on s'eſt attaché à réduire en un corps de ſyſtème, dans lequel il faut ſuivre l'auteur relativement à la nature des objets qu'il examine, & au genre de preuves qu'il en rapporte; mais encore parce que la cabale philoſophique, dont il eſt devenu le code, annonce avec orgueil ce nouveau *ſyſtème de la Nature*, comme devant anéantir tous les préjugés, rappeler l'Univers entier à ſon état primitif, & faire rentrer le genre humain dans tous ſes droits.

physique & du Monde moral, par M. Mirabaud, Secrétaire perpétuel, & l'un des quarante de l'Académie Françoiſe. Londres, 1770.

L'auteur inconnu du *Syſtème de la Nature*, ſous le nom de M. Mirabaud, Secrétaire perpétuel, & l'un des quarante de l'Académie Françoiſe, n'a fait que répéter le ſyſtème d'Épicure. Pour fonder ſon Athéiſme, il ſemble avoir pris à tâche de détruire tous les principes reçus, & de renouveler tous ceux qui avoient été proſcrits. Son Ouvrage eſt diviſé en deux parties; dans la première, il examine ce que c'eſt que la matière & le mouvement; il traite enſuite de l'homme, de ſon origine & de ſa fin: de-là, il paſſe à la nature de l'ame. Cette diſcuſſion le conduit à agiter les fameuſes queſtions de la liberté, de l'immortalité, du dogme de la vie future, du fataliſme, de la néceſſité & du ſuicide: il finit par apprécier les devoirs de l'homme envers ſes ſemblables, par déterminer l'origine de la ſociété, & par fixer tous les droits de la ſouveraineté.

Dans la ſeconde partie, l'auteur traite de la Religion, de l'exiſtence de Dieu, des preuves de cette exiſtence, du Déiſme & de l'Optimiſme, de l'utilité de la Théologie, & de l'inutilité de la conduite des hommes envers Dieu; enfin il termine par l'apologie de l'Athéisme, & présente à ses lecteurs un abrégé du code de la Nature.

Tels sont tous les objets renfermés dans les deux volumes intitulés *Système de la Nature, ou des Loix du Monde physique & du Monde moral.* Suivons l'auteur dans la gradation qu'il a voulu lui-même donner à ses idées.

De la Matière & du Mouvement, *tome I chap. II.*

La première partie commence par renouveler le système de Lucrèce, auquel l'auteur n'a fait, pour ainsi dire, que donner plus d'étendue. Il pose pour principe que la *matière est éternelle & nécessaire (1).... qu'elle a toujours existé (2).... que le mouvement lui est essentiel (3). Il définit le mouvement, une façon d'être qui découle nécessairement de l'essence de la matière;* elle *se meut par sa propre énergie (4).* D'un autre côté, il donne pour maxime que tout corps est mu par un autre corps qui le frappe; *ainsi il n'y a aucun mouvement spontané dans la Nature (5).* Le mouvement se communique d'un corps à un autre, par une suite d'impulsions continuées à l'infini: de-là, il s'ensuit que le mouvement vient d'une cause intérieure à la Nature, puisqu'il lui est *essentiel,* & qu'il vient en même-temps d'une cause extérieure, puisqu'il est donné *par impulsion:* contradiction choquante, sur laquelle tout le système est établi.

(1) Pag. 28 & 81.
(2) Pag. 27 & 31.
(3) Page 27.
(4) Page 21.
(5) Page 16.

Il soutient, qu'il n'y a dans l'Univers ni ordre ni désordre, *parce que tout est nécessaire dans la Nature (6);* ni bien ni mal physique, ni bien ni mal moral, puisque la Nature n'est pas une *intelligence (7),* qui puisse avoir un but & se proposer un dessein: tout est nécessaire, parce que tout *ce qui existe est une suite des propriétés inhérentes à la matière éternelle (8);* tout est ce qu'il peut être, & ne sauroit être autrement; ce n'est pas le hasard *(9)* *ni une cause aveugle* qui conduit l'Univers, c'est la nécessité;

(6) Page 56.
(7) Page 69.
(8) Page 70.
(9) *Idem.*

nouvelle contradiction; une cauſe privée d'*intelligence* eſt *une cauſe aveugle*, & qui agit néceſſairement au haſard.

De l'examen de la matière & du mouvement, l'auteur paſſe à l'examen de la nature de l'homme. Il établit que l'*homme eſt un être purement phyſique (10)........ La matière inanimée peut paſſer à la vie, qui n'eſt elle-même qu'un aſſemblage de mouvemens (11).... L'homme eſt une production de la Nature (12) qui reſſemble à certains égards à tous les autres êtres, & ſe trouve ſoumiſe aux mêmes loix....... Le mouvement le fait naître, le ſoutient & le détruit (13)....... c'eſt un tout organiſé compoſé de différentes matières (14)....... L'homme eſt une ſuite néceſſaire du débrouillement de notre globe (15)........* La différence de l'homme & de la bête ne ſe tire que de leurs organiſations. *C'eſt ainſi que le papillon commence par être un œuf inanimé, duquel la chaleur fait ſortir un ver qui devient chryſalide, & puis ſe change en un inſecte ailé que nous voyons s'orner des plus vives couleurs; parvenu à cette forme, il ſe reproduit & ſe propage; enfin dépouillé de ſes ornemens, il eſt forcé de diſparoître, après avoir rempli la tâche que la Nature lui impoſoit, ou décrit le cercle des changemens qu'elle a tracé aux êtres de ſon eſpèce (16)..... Il en eſt de même de l'homme, qui dans tous ſes progrès, dans toutes les variations qu'il éprouve, n'agit jamais que d'après les loix propres à ſon organiſation, & aux matières dont la Nature l'a compoſé (17).*

De l'Homme, de ſon origine & de ſa fin, *tome I, chap. VI.*

(10) Chap. I, p. 2.

(11) Chap. II, p. 23 & 24.

(12) Ch. IV, p. 80.

(13) Ch. IV, p. 76.

(14) Page 80.

(15) *Idem.*

(16) Chap. I, p. 4.

(17) Chap. I, p. 4.

L'auteur, ſi hardi dans ſes aſſertions, n'oſe décider ſi l'homme a toujours exiſté, s'il a toujours été le même, ſi l'eſpèce a changé, ou ſi elle changera dans la ſuite. Il répond *à ceux qui pour trancher la difficulté, prétendent que l'eſpèce humaine deſcend d'un premier homme & d'une première femme, créés par la*

Divinité; que nous avons quelques idées de la Nature, mais que nous n'en avons aucunes de la Divinité ni de la Création; & que se servir de ces mots, c'est ne dire qu'en autres termes, que l'on ignore l'énergie de la Nature, & qu'on ne sait pas comment
(18) Ch. IV, p. 89. *elle a pu produire les hommes que nous connoissons (18)*... Et
il finit par conclure que l'homme qui, *dans sa folie, prend arro-*
(19) Page 88. *gamment le titre de Roi de la Nature (19),*....... *n'a aucune*
(20) Page 89. *raison pour se croire un être privilégié (20).*

Si l'auteur nous présente la formation de l'homme comme une suite nécessaire des loix de la Nature & du mouvement, il nous fait envisager de même sa destruction. Elle est une conséquence de la manière dont il s'est formé. *La mort n'est que le sommeil de la vie; ce sommeil ne sera troublé par aucun songe désagréable, un réveil fâcheux ne le suivra jamais; mourir, c'est rentrer dans cet*
(21) Chap. XIII, pag. 267, 268. *état d'insensibilité où nous étions avant de naître (21).*

Quoique l'auteur enseigne que tout finit avec l'homme, & que la dissolution de sa machine est la fin totale de son être, il paroît néanmoins revenir sur lui-même; & comme il avoit établi que *la matière inanimée peut passer à la vie, qui n'est elle-même qu'un assemblage de mouvemens,* cette première hypothèse lui fait
Métempsycose. admettre une espèce de métempsycose pour reproduire l'homme qui vient de s'anéantir. *Des loix aussi nécessaires,* dit-il, *que celles qui nous ont fait naître, nous feront rentrer dans le sein de la Nature, d'où elle nous avoit tirés pour nous reproduire sous quelque forme nouvelle*..... *sans nous consulter elle nous plaça, pour un temps, dans le rang des êtres organisés; sans notre aveu elle nous*
(22) Chap. XIII, page 268. *obligera d'en sortir, pour nous placer dans un autre rang (22).*
Et dans un autre endroit il avoit déjà dit, que le mouvement détruit l'homme, & *l'oblige de rentrer dans le sein d'une Nature*

qui bientôt le reproduira épars sous une infinité de formes nouvelles, dont chacune de ses parties parcourra de même les différentes périodes, aussi nécessairement que le tout avoit parcouru ceux de son existence précédente (23).

(23) Ch. IV, p. 76.

Voilà donc tout le système de cet auteur sur la nature de l'homme, sur son origine & sur sa fin. De sa nature il n'est que matière, il doit sa naissance au mouvement, il finit par défaut de mouvement; & ce mouvement, après sa destruction, le perpétue & le renouvelle sous une forme différente; en sorte que tout ce qui existe est nécessairement le même que ce qui a déjà existé, mais modifié d'une manière différente.

De l'Ame & de la Spiritualité, *tome I, chap. VII.*

Après avoir déterminé la nature de l'homme, l'auteur examine la nature de l'ame. Il prétend que les anciens Philosophes, de même que les *premiers Docteurs du Christianisme, n'ont eu de l'ame que des idées matérielles (24).... C'est à force de raisonner sur de faux principes, que l'ame, ou le principe moteur de l'homme, de même que le moteur caché de la Nature, sont devenus de pures chimères, de purs esprits, de purs êtres de raison (25).*

(24) Page 96.

(25) Page 97.

Le dogme de la spiritualité ne nous offre qu'une idée vague, ou plutôt qu'une absence d'idées.... Est-il donc vrai, s'écrie-t-il, *que l'on puisse se figurer un Etre qui, n'étant pas matière, agit pourtant sur la matière!.... Est-il possible de concevoir l'union du corps & de l'ame!...... Est-ce de bonne foi résoudre ces difficultés, de dire que ce sont des effets de la toute-puissance d'un Etre encore plus inconcevable que l'ame humaine!..... Faire intervenir la Divinité, n'est-ce pas avouer son ignorance ou le dessein de nous tromper (26)!*

(26) Page 98.

De l'examen physique que l'auteur fait de notre ame, il infère que l'homme n'a pas *d'autre ame que le cerveau; toutes*

les facultés intellectuelles que l'on attribue à l'ame, se réduisent à des modifications, à des qualités, à des façons d'être, à des changemens produits par le mouvement dans le cerveau, qui est visiblement en nous le siége du sentiment, & le principe de toutes
(27) Chap. VIII, page 117. *nos actions (27).*

Il suffit de savoir que *l'ame se meut & qu'elle se modifie par les causes matérielles qui agissent sur elle, pour être autorisé à*
(28) Page 118. *conclure que toutes ses opérations prouvent qu'elle est matérielle (28).* Ainsi, par une nouvelle contradiction, l'Auteur établit que des perceptions, des idées, des motifs, peuvent agir sur le cerveau & le mettre en mouvement; cependant il avoit déjà posé pour principe, que la matière seule pouvoit agir sur la matière, & l'on ne pourra jamais prétendre que la pensée, le jugement, la réflexion, soient des êtres matériels & vraiment existans.

De la liberté de l'Homme, *tome I, chap. XI.* Selon cet auteur, l'homme n'est pas libre, il est nécessairement déterminé par l'impression des objets extérieurs, par les idées qui se sont arrangées dans son cerveau, à son insçu. *Pour être libre, il faudroit qu'il fût tout seul plus fort que la Nature entière, ou il faudroit qu'il fût hors de la Nature, qui toujours en action sur elle-même, oblige tous les êtres qu'elle embrasse, d'agir & de*
(29) Page 189. *concourir à son action générale (29).*

La volonté est une modification dans le cerveau; la pensée, la réflexion, le raisonnement, le choix ne sont que des mouvemens & des mouvemens nécessaires; & l'on ne peut citer un seul moment dans la vie où l'homme soit vraiment libre. *C'est pour justifier la Divinité du mal qui se fait dans le monde, qu'on*
(30) Page 220, *vid.* la note. *a imaginé le système de la liberté (30).*

Malgré ce défaut de liberté, cette impossibilité dans le choix, l'auteur suppose néanmoins que les causes morales peuvent agir ſur la volonté de l'homme. Les loix, les peines, les récompenſes ſervent ſouvent à le déterminer dans l'embarras du choix : ainſi, en refuſant à l'homme la liberté qui eſt ſon plus noble apanage, l'auteur argumente continuellement contre l'homme comme s'il étoit réellement libre.

Il remplace la liberté par le fataliſme ; il entend par fatalité l'*ordre éternel, immuable, néceſſaire, établi dans la Nature (31), toutes nos actions ſont ſoumiſes à cette fatalité ; la néceſſité qui règle les mouvemens du monde phyſique, règle auſſi tous ceux du monde moral...... & les hommes reſſemblent à des nageurs qui ſont forcés de ſuivre le courant qui les emporte (32).*

(31) Page 222.

(32) *Ibid.*

Par cette comparaiſon, l'auteur prétend prouver que le fataliſme eſt la règle conſtante des phénomènes du cœur humain ; que la néceſſité eſt le reſſort caché du mécaniſme de notre volonté, de notre entendement, de nos penſées & généralement de toutes nos actions : cependant le deſir du bonheur actuel eſt, ſelon l'Auteur, le ſeul mobile des actions de l'homme. *La vertu n'eſt autre choſe, que ce qui eſt conſtamment utile, le vice eſt tout ce qui eſt nuiſible (33).* L'homme ne peut agir que pour ſon intérêt ; *il eſt injuſte de demander à un homme d'être vertueux, s'il ne peut l'être ſans ſe rendre malheureux ; dès que le vice le rend heureux, il doit aimer le vice (34).* Tout dépend de l'opinion, & ce principe doit être la baſe de la morale, de l'éducation, de la politique & de la légiſlation.

(33) Chap. IX, page 135.

(34) Page 152.

De l'Immortalité & du dogme d'une vie à venir.

Par une conſéquence tirée de la matérialité de notre ame, l'auteur ne craint pas d'avancer que l'immortalité eſt une chimère : tout meurt avec le corps. Le deſir de vivre dans la mémoire des hommes eſt néanmoins utile, il eſt eſſentiel de l'exciter dans tous les cœurs : mais la croyance d'une vie à venir eſt abſolument inutile aux mœurs. *Le dogme insensé d'une vie future empêche les hommes de s'occuper de leur vrai bonheur, de songer à perfectionner leurs institutions, leurs loix, leur morale, leurs sciences..... (35); c'est une des erreurs les plus fatales, dont le genre humain fut infecté. Ce dogme a plongé les Nations dans l'engourdissement & dans l'indifférence, ou bien il les a précipitées dans un enthousiasme furieux, qui les a portées à se déchirer elles-mêmes pour mériter le Ciel (36).*

(35) Chap. XIII, page 273.

(36) Ibid. p. 274.

Il faut écarter le préjugé qui ne peut former que des fanatiques & des furieux. La morale & les loix suffisent pour rendre l'homme heureux, ou pour le contenir : toute la Nature nous enseigne à attendre la mort avec constance, comme une suite nécessaire des révolutions qu'elle éprouve. Mourir, c'est finir; à ce moment, *l'enthousiaste a des espérances, le superstitieux a des craintes, un cœur raffermi par la raison, ne redoute pas une mort qui détruira tout sentiment (37);* il est même en droit de le prévenir : dès que l'homme est malheureux dans ce monde, il lui est permis d'en sortir; la crainte de la mort est une foiblesse, & la Nature lui commande le suicide.

(37) Page 302. Du Suicide.

La honte ou l'indigence, la perfidie de ses amis, l'infidélité de sa femme, l'ingratitude de ses enfans, une passion impossible à satisfaire, le chagrin, le remords, la mélancolie, le désespoir, tout devient pour lui un motif légitime de renoncer à la vie. *Un fer est le seul ami, le seul consolateur qui reste au malheureux...... lorsque rien ne soutient plus l'amour de son être, vivre est le plus grand des maux, & mourir est un devoir pour qui veut s'y soustraire (38).*

(38) Chap. XIV, pages 305, 306.

Les idées d'un Dieu vengeur & terrible, d'une vie à venir, d'un bonheur différent de celui que nous goûtons ici-bas, sont la la vraie source des maux de l'homme, de l'ignorance dans laquelle il croupit, des craintes & de l'esclavage où il est réduit.

En effet, l'auteur nie expressément que les obligations de l'homme soient une suite de sa relation avec la Divinité. Les Dieux que la crainte a formés, sont invisibles; par conséquent ils ne peuvent être qu'une puissance imaginée gratuitement: ce sont *ces Dieux invisibles qui furent les modèles de la conduite de l'homme,..... les Tyrans seuls ont profité de la Religion & des ténèbres qu'elle répandoit sur l'esprit humain...... Les Nations n'ont connu ni la Nature, ni la Raison, ni la Vérité (39)*: elles sont tombées de la liberté dans l'esclavage, faute d'avoir connu leurs droits & leurs besoins; & elles ont sacrifié leur bien-être au caprice de ceux qui les gouvernoient. *L'homme a toujours ignoré le but & l'association du Gouvernement; il s'est soumis sans réserve à des hommes comme lui, que ses préjugés lui ont fait regarder comme des êtres d'un ordre supérieur; ceux-ci ont profité de son erreur pour l'asservir, le corrompre & le rendre victime & misérable (40),...... d'où l'on voit que c'est à l'ignorance de la Nature que sont dûes ces Puissances inconnues, sous lesquelles le genre humain a si long-temps tremblé (41).*

(39) Chap. XIV, page 344.

(40) Chap. I, p. 7.

(41) *Idem*, page 6.

De la Société.

D'après ces assertions, l'auteur balance les droits de l'homme sur son semblable: *ils ne peuvent être fondés que sur le bonheur qu'il lui procure ou qu'il lui donne lieu d'espérer; sans cela le pouvoir qu'il exerce sur lui, seroit une violence, une usurpation, une tyrannie manifeste (42).*

(42) Chap. XIV, page 340.

Tout Gouvernement n'empruntant son pouvoir que de la société, & n'étant établi que pour son bien, il est évident qu'elle peut révoquer son pouvoir quand son intérêt l'exige, changer la forme de son gouvernement, étendre ou limiter le pouvoir qu'elle a confié à ses Chefs, sur lesquels elle conserve toujours une autorité suprême,

par la loi immuable de la Nature, qui veut que la partie soit
(43) Chap. IX, page 142. *subordonnée au tout.* (43)

De ce principe, l'auteur tire la conséquence que *les Souverains*
(44) Idem, p. 143. *sont les Ministres de la société, ses Interprètes* (44)........ Il entre ensuite dans le détail des devoirs de la Souveraineté. *Par un pacte, soit exprimé, soit tacite, les Souverains s'engagent .... à s'occuper du bien-être de la société ; ce n'est qu'à ces conditions que cette société consent d'obéir......... Nulle société sur la terre n'a pu ni voulu conférer irrévocablement à ses Chefs le droit de lui nuire..... une telle concession seroit annullée par la Nature, qui veut que chaque société, ainsi que chaque individu, ..., tende à se conserver, & ne puisse consentir*
(45) Idem, ibid. *à son malheur permanent* (45).

Des droits de la Souveraineté.

Ainsi, dans les principes de l'auteur, l'autorité n'est fondée que sur le bonheur qu'elle s'engage à procurer au peuple. Le pacte qui lie les Sujets au Souverain est conditionnel ; s'il ne remplit pas l'engagement qu'il a contracté, le peuple est en droit de le révoquer, & de former un nouveau Gouvernement & de nouvelles loix.

(46) Chap. IX, page 144. Il va plus loin encore. *Les Chefs qui nuisent à la société, perdent le droit de lui commander* (46) ; mais, ajoute-t-il, *une société opprimée ne contient que des oppresseurs & des*
(47) Idem. *esclaves* (47).

C'est par suite de l'abus du pouvoir, que *les Souverains se sont rendus les maîtres absolus des sociétés. Méconnoissant la vraie source de leur pouvoir, ils ont prétendu le tenir du Ciel, n'être comptables qu'à lui de leurs actions,...... en un mot, être*
(48) Page 145. *des Dieux sur la terre* (48).

De-là l'avilissement des nations & leur soumission aux volontés de leur Chef. *Les loix ne furent plus que l'expression de leurs caprices*, & l'intérêt public fut sacrifié à l'intérêt du Souverain.... Insensiblement la liberté, *la justice, la sûreté, la vertu furent bannies (49).*

(49) Chap. IX, page 145.

La politique tourna les forces de la société contre tous ses membres, *& une habitude stupide & machinale leur fit chérir leurs chaînes (50).*

(50) Idem, ibid.

Voilà par quels degrés l'auteur fait passer la puissance Souveraine; & sur cette exposition il pose en principe que tout *homme qui n'a rien à craindre devient bientôt méchant (51).*

(51) Idem, ibid.

La conséquence de ce principe est, selon l'auteur, que *la crainte est le seul obstacle que la société puisse opposer aux passions de son Chef; ..... elle doit limiter son pouvoir, ... parce que le fardeau de l'administration est trop grand pour être porté par un seul homme, ..., que l'étendue de son pouvoir rendra toujours méchant (52).*

(52) Idem, page 146.

De ces principes, l'auteur fait sortir une foule de maximes séditieuses, & vomit contre les Souverains des invectives que nous ne répéterons pas dans ce lieu sacré où la majesté de nos Rois réside habituellement; nous craindrions trop de souiller les voûtes de ce Sanctuaire, où elles ne pourroient être entendues sans horreur. Leur donner cette indiscrète publicité, ce seroit en multiplier le scandale: si la Cour veut parcourir le corps entier de l'ouvrage, elle les trouvera *tome I, chap. IX, p. 142 & suiv. chap. XIV, p. 292; chap. XVI, p. 336 & suiv. tome II, chap. VIII, p. 241 & 247; chap. IX, p. 278, 281 & suiv.*

De cet abrégé du plan de l'auteur dans son premier volume, si nous passons à la seconde partie, nous voyons qu'il s'est proposé de discuter l'origine, les dogmes, les preuves & les effets de la Religion.

Le premier pas de l'auteur dans cette nouvelle carrière, eſt l'examen de l'exiſtence de la Divinité.

Lucrèce, ce fameux Matérialiſte de l'antiquité, commence par établir que la crainte créa les Dieux : *Primus in orbe Deus fecit timor.* L'auteur du Syſtème de la Nature adopte le même principe : il prétend *que ce fut dans le ſein de l'ignorance, des alarmes & des calamités, que les hommes ont toujours puiſé leur première notion ſur la Divinité.* .... & nous tremblons aujourd'hui, parce que nos aïeux ont tremblé il y a des milliers d'années.

Des notions de la Divinité.

Ainſi l'idée de Dieu eſt venue aux humains, de l'ignorance des cauſes naturelles, de la crainte que l'homme a reſſentie en voyant la multitude des maux qui l'environnent, & des révolutions terribles que l'Univers a éprouvées; *& c'eſt toujours dans l'attelier de la triſteſſe, que l'homme malheureux a façonné le fantôme dont il a fait ſon Dieu (53).*

(53) Tome II, chap. 1, page 11.

Si l'homme avoit été heureux, il n'eût jamais penſé à la Divinité. *Il regarde le bien-être comme une dette de la Nature, & les maux comme une injuſtice qu'elle lui fait. Perſuadé que cette Nature ne fut faite que pour lui, il ne peut concevoir qu'elle le fit ſouffrir ſi elle n'étoit mue par une force ennemie de ſon bonheur, qui eût des raiſons pour l'affliger & le punir (54).* D'où l'auteur conclut que le mal, encore plus que le bien, fut le motif des recherches de la Divinité. *En réfléchiſſant ſur la Divinité, ce fut toujours ſur la cauſe de ſes maux que l'homme médita...... Obſtiné à ne voir que lui-même, il ne connut jamais la Nature (55); ...... & c'eſt ſur les débris de cette Nature qu'il éleva le coloſſe imaginaire (56)* qu'il a toujours encenſé.

(54) Chap. *idem*, page 21.

(55) Chap. *idem*, page 22.

(56) Chap. *idem*, page 26.

Sous le nom de Dieu, les hommes n'ont jamais entendu que la cauſe inconnue des phénomènes naturels; *& cet être abſtrait*

& métaphysique, ou plutôt ce mot, fut l'objet de leurs contemplations éternelles (57).

(57) Chap. II, page 38.

C'est d'après lui-même que l'homme créa sa Divinité; *l'ame qu'il s'étoit donné servit de modèle à l'ame universelle (58);.... & l'homme dans son Dieu ne vit & ne verra jamais qu'un homme comme lui (59).*

(58) Chap. *idem*, page 39.

(59) Chap. *idem*, page 40.

Mais quelle que soit cette cause inconnue qui anime toute la Nature, en la supposant spirituelle, l'homme l'a rendue inconcevable; il n'en exprime les attributs que par des négations. *Dire que Dieu est un être immatériel, infini, immense, inétendu, incompréhensible, &c. c'est combiner des mots vagues & indéterminés;* un être de cette nature est un pur néant, *& l'on crut avoir fait un Dieu, tandis qu'on ne fit qu'une chimère; voilà cependant,* s'écrie l'auteur, *voilà les matériaux dont la Théologie se sert pour composer le fantôme inexplicable devant lequel elle ordonna au genre humain de tomber à genoux (60).*

(60) Chap. III, pages 58, 59.

Les qualités morales que l'on prête à la Divinité, l'intelligence, la sagesse, la bonté, la justice, &c. sont empruntées de l'homme. Elles se contredisent & sont démenties dans l'ordre ordinaire de la Nature. *Un monde où l'homme éprouve tant de maux, ne peut être soumis à un Dieu parfaitement bon; un monde où l'homme éprouve tant de biens, ne peut être soumis à un Dieu méchant. De-là deux principes opposés l'un à l'autre. Ou le même Dieu est alternativement bon & méchant, ou il faut avouer qu'il ne peut agir autrement: alors il est inutile de l'adorer & de le prier (61).*

(61) Chap. *idem*, page 64.

Un être revêtu tout-à-la-fois, de tant de qualités discordantes, sera toujours un être indéfinissable, & il sera par conséquent un être de raison; & sans chercher à concilier la justice de cet être avec sa bonté, l'hypothèse de la liberté de l'homme ne satisfait en aucune manière à l'objection de l'origine du mal qui est ou étranger à la machine, ou qui en est une suite nécessaire & indispensable.

Existence de Dieu. *Qu'est-ce qu'un être qui peut tout & qui ne doit rien à personne ; qui dans ses décrets éternels peut les choisir ou les rejeter, les prédestiner au bonheur ou au malheur ; qui est en droit de les faire servir de jouets à ses caprices, & de les affliger sans raison ; qui pourroit aller jusqu'à détruire ou anéantir l'Univers ! cet être n'est-il pas un tyran ou un démon !* (62)

(62) Chap. VIII, page 76.

Tel est, ajoute l'auteur, le Dieu qu'on nous propose d'adorer. On le suppose le maître *de créer le juste & l'injuste, de changer le bien en mal & le mal en bien, le vrai en faux, la fausseté en vérité ; en un mot, on lui donne le droit d'altérer l'essence éternelle des choses. On fait ce Dieu supérieur aux loix de la Nature, de la raison, de la vertu* (63) ; tout est contradiction, dit l'auteur, & les idées que la Théologie donne de la Divinité, seront toujours confuses, incompatibles, & doivent finir nécessairement par nuire au repos des humains.

(63) Chap. *idem*, page 78.

Preuves de l'existence de Dieu. En partant de ces maximes, l'auteur entre dans le détail des preuves de l'existence de Dieu, données par Clarke, Descartes, Malebranche & Newton ; & quoiqu'il ne rapporte fidèlement aucune de ces preuves, quoiqu'il ne réponde directement à aucune, il ne craint pas d'avancer qu'elles ne présentent aucune solidité. L'unanimité des hommes à reconnoître un Dieu, a toujours été regardée comme la preuve la plus forte de l'existence de cet être : non, dit l'auteur du Systême de la Nature ; le sentiment de tous les peuples sur ce sujet, ne prouve autre chose, sinon que tous les hommes sont ignorans, *que dans le sein de l'ignorance ils ont admiré ou tremblé, & que leur imagination troublée, a cherché des moyens de fixer ses incertitudes* (64).

(64) Chap. IV, page 90.

Qu'importe ce consentement universel, si on ne trouve pas deux Nations qui aient la même idée de Dieu? Le principe qu'il y a *un être nécessaire*, ne démontre pas que cet être soit différent de la matière; & l'ordre prétendu de l'Univers est imaginaire. Pour y apercevoir un ordre réel, il faudroit connoître le *but du tout*, & le tout n'a pas de but: tout est nécessairement ce qu'il est, & l'intervention de la Divinité devient absolument inutile.

De la Religion.

Si la crainte & le malheur ont introduit les Dieux dans l'Univers, la superstition fut la source de toutes les Religions. Les Législateurs profitèrent de la crédulité des peuples, & chaque particulier divinisa bientôt tout ce qui pouvoit contribuer à son bonheur, ou qu'il crut capable de lui porter préjudice: de-là vient le Panthéisme, & toutes les absurdités dont l'esprit humain est capable, lorsqu'il s'abandonne à lui-même: loin de contribuer à la félicité des humains, la Religion les a rendu plus malheureux; elle a divinisé les Souverains, & en a fait autant de tyrans; mais toutes les Religions qu'on a vu se succéder les unes aux autres, n'ont jamais prêté à la morale qu'un appui chancelant, & le plus souvent idéal. La Religion chrétienne elle-même n'a jamais connu les vrais remèdes contre les passions; elle rend nos erreurs incurables, & les menaces qu'elle emploie, ne tendent qu'à faire des fanatiques: en occupant les hommes du bonheur futur, elle les empêche de penser à leur bonheur présent; & même, loin d'arrêter les passions des méchans, elle les enhardit au crime, en leur faisant espérer leur pardon: enfin, elle présente au Chrétien un Dieu despote, un Dieu jaloux, un Dieu cruel qui punit éternellement pour des fautes inséparables de la Nature humaine, qu'il a créée lui-même dans cet état de foiblesse. *Les hommes*, dit l'auteur, *en tout pays ont adoré des Dieux bizarres, injustes, ſanguinaires, implacables, dont ils n'oſèrent jamais examiner les droits. Ces Dieux furent par-tout diſſolus, cruels, partiaux, ils reſſemblèrent à ces tyrans effrénés qui ſe jouent impunément de leurs ſujets malheureux. C'eſt un Dieu de cet affreux caractère que même aujourd'hui l'on nous fait adorer: le Dieu des Chrétiens, comme ceux des Grecs & des Romains, nous punit en ce monde; & nous punira dans l'autre des fautes dont la nature qu'il nous a donnée nous a rendu ſuſceptibles; ſemblable à un Monarque enyvré de ſon pouvoir, il fait parade de ſa puiſſance....... Et la Théologie nous montre dans tous les âges, les mortels punis pour des fautes inévitables & néceſſaires, & comme les jouets infortunés d'un Dieu tyrannique & méchant (65).*

(65) Tome II, chap. II, page 50.

Il paroît, ajoute-t-il, *qu'un Dieu raiſonnable ne conviendroit pas aux intérêts des Prêtres (66):* auſſi ſes Miniſtres fourniſſent aux ſcélérats *les moyens de parvenir à la félicité éternelle, & dans le fait, la Religion accorde le Ciel aux méchans....... Elle y place les plus inutiles & les plus méchans des hommes (67).*

(66) Voy. la note, page 51.

(67) Tome I, chap. XIII, pag. 271, 272.

Tels ſont, dit cet Auteur, *Moyſe, Samuel, David chez les Juifs; Mahomet chez les Muſulmans; chez les Chrétiens Conſtantin, Saint Cyrille, Saint Athanaſe, Saint Dominique & tant d'autres brigands Religieux & zélés perſécuteurs que l'Égliſe revère: on peut encore leur joindre les Croiſés, les Ligueurs (68)*, &c.

(68) Tome I, voy. la note, page 272.

Les opinions Religieuſes mettent les hommes perpétuellement en diſpute; ils ſe haïſſent & ſe perſécutent, & croient ſouvent bien faire en commettant des crimes pour ſoutenir leurs opinions. *C'eſt ainſi que la Religion enyvre les hommes dès l'enfance, de vanité, de fanatiſme & de fureur s'ils ont une imagination échauffée; ſi au contraire ils ſont flegmatiques & lâches, elle en fait des hommes inutiles à la ſociété: s'ils ont de l'activité, elle en fait des frénétiques, ſouvent*

souvent aussi cruels pour eux-mêmes qu'incommodes pour les autres (69).

(69) Tome I, chap. IX, page 153.

Des Ministres de l'Église.

Non-seulement la Religion est le principe des malheurs de l'humanité, mais encore elle a rendu les Ministres des Autels orgueilleux, fourbes, vicieux & malfaisans, *& entre les mains des Prêtres de tout pays, la Divinité ressemble à la tête de Méduse, qui sans nuire à celui qui la montroit, pétrifioit tous les autres (70).*

(70) Tome II, chap. VIII, p. 240.

Le Sacerdoce & l'Empire savent combiner leurs intérêts. La Religion soutenue de la Tyrannie, tient lieu de tout. *Elle a rendu aveugles & souples les peuples que le Gouvernement se propose de dépouiller (71).*

(71) Chap. VIII, page 246.

La Religion corrompt les Princes, les Princes corrompent la Loi, qui comme eux devient injuste (72)..... Et dans une société corrompue il faut se corrompre pour devenir heureux (73).

(72) Chap. IX, page 278.
(73) Chap. *idem*, page 279.

Le Despote trouva la Religion merveilleuse quand elle l'assura qu'il étoit Dieu sur la terre; il la négligea quand elle lui dit d'être juste, *& d'ailleurs il fut assuré que son Dieu lui pardonneroit tout, dès qu'il consentiroit de recourir aux Prêtres, toujours prêts à le reconcilier (74).*

(74) Chap. *idem*, page 281.

C'est ainsi, Messieurs, qu'en défigurant la morale Chrétienne, ou plutôt en lui en substituant une autre toute contraire, l'auteur l'oppose à la morale de la Nature, & il soutient que cette dernière est préférable, plus utile & plus efficace.

De l'Athéisme.

Il en conclut que l'Athéisme n'est point un système dangereux pour la société; que la morale naturelle, les loix, la politique, un gouvernement sage & l'éducation, suffisent pour réprimer les passions; en un mot, l'impiété, selon lui, n'est qu'une accusation vague & imaginaire; & le superstitieux mérite plutôt le nom d'*athée* que le matérialiste.

L'auteur en finissant se caractérise par cette assertion impie : *que l'ami des hommes ne peut être l'ami des Dieux, qui furent dans tous les âges les vrais fléaux de la terre (75)*; & il termine son ouvrage par une prière à la Nature, que nous nous ferions un devoir d'adopter, si elle eût été adressée à son Auteur.

(75) Chap. XIV, page 410.

Tel est, Messieurs, le précis du Système de la Nature, de ce livre qu'une secte orgueilleuse présente comme le chef-d'œuvre de l'esprit humain.

Vous frémirez d'horreur, sans doute, en vous rappelant la chaîne des principes de cet auteur, & les conséquences funestes qui en résultent : que seroit-ce cependant si nous fussions entrés dans le détail des preuves, si nous eussions mis sous vos yeux les raisonnemens particuliers dont il a voulu appuyer son système monstrueux? il ne voit rien, il ne conçoit rien au-delà des objets physiques, & dès-lors il nie tous les objets intellectuels. C'est par le physique de la Nature qu'il veut juger de l'Auteur même de la Nature; & parce qu'il s'aveugle lui-même au point de ne pas concevoir un Dieu créateur & bienfaisant, il ne craint pas d'en conclure que ce qu'on ne peut concevoir ne peut pas exister : conclusion également étrange & absurde, & d'après laquelle il ne va plus que de sophismes en sophismes, de blasphèmes en blasphèmes, & par tant de scandales accumulés, il ose en quelque sorte défier la Religion & les Loix.

L'auteur semble s'être persuadé que la vérité fatiguée du long règne de l'erreur a fait choix de lui, & l'a arraché du milieu de la foule aveugle, pour qu'il fût son Évangéliste; & ce nouvel apôtre, en nous retraçant toutes les chimères que la raison avoit déjà proscrites, se vante d'avoir reculé les bornes de l'esprit humain; il ſe fait une gloire féroce de ſurpaſſer en audace, Épicure, Spinoſa, & tous les Philoſophes, ou plutôt tous les Athées des ſiècles paſſés. Ces derniers, en effet, enveloppoient au moins d'emblêmes leur odieuſe doctrine; quelquefois même ils ne faiſoient que douter de l'exiſtence de l'Etre ſuprême, & ce doute même étoit une ſorte d'aveu de la Divinité. L'auteur du Syſtème de la Nature déclare ouvertement & avec l'aſſertion la plus décidée, qu'il n'y a point de Dieu, & qu'il ne ſauroit y en avoir. Son deſſein eſt d'établir le matérialiſme & la fatalité abſolue. Cet Etre, l'auteur, le moteur & le bienfaiteur de tous les êtres, qui tient à eux par ſa bonté, & en eſt ſéparé par ſon eſſence; cet Etre infini, que tout l'Univers annonce, & dont la Nature entière eſt elle-même la preuve en action; cet Etre, dont l'idée eſt innée, que la raiſon & la conſcience réclament également, qui créa l'homme libre pour le rendre méritant, qui a mis une moralité à ſes actions pour y attacher une récompenſe; cet Etre ſuprême, en un mot, n'eſt, aux yeux de ce ſacrilége Écrivain, qu'un Etre de raiſon, un rêve métaphyſique, un fantôme hideux & malfaiſant, enfanté par la crainte, annoncé par la fourberie, adopté par le vice, l'ignorance & la lâcheté; ſoutenu par l'ambition & le deſpotiſme, ſource unique de la corruption des ames, principe fatal de l'abrutiſſement des eſprits, de l'eſclavage des peuples, de toutes les calamités du genre humain, & dont tous les Philoſophes & les gens de bien doivent à l'envi renverſer le trône, pour rendre les hommes à la Nature, & les remettre ſous le joug de l'aveugle néceſſité.

Après avoir fait le mal à l'humanité d'enſeigner aux hommes qu'il n'y a ni liberté, ni Providence, ni Etre ſpirituel & immortel, ni vie à venir, & que l'Univers eſt l'ouvrage & le jouet de la fatalité; que la Divinité n'eſt qu'une chimère abſurde, qui doit ſon origine au délire de l'imagination troublée par la crainte, & dont la croyance eſt l'unique cauſe de tous les malheurs de l'eſpèce humaine; cet Écrivain inſenſé oſe encore ſapper la ſociété par ſes fondemens, & il ne craint pas d'attaquer les Chefs qui la gouvernent.

Les ſociétés ne ſont à ſes yeux qu'un vil aſſemblage d'hommes lâches, ignorans & corrompus, proſternés devant des Prêtres qui les trompent & des Princes qui les oppriment.

Les Chefs des Nations ſont des méchans & des uſurpateurs, qui ſacrifient les peuples à leurs folles paſſions, & qui ne s'arrogent le titre faſtueux de repréſentans de Dieu, que pour exercer impunément le deſpotiſme.

L'accord du Sacerdoce avec la Puiſſance ſouveraine, n'eſt qu'une ligue formée contre la vertu & contre le genre humain.

Il veut perſuader aux Nations que les Rois n'ont & ne peuvent avoir ſur elles d'autre autorité que celle qu'elles leur ont confiée; qu'elles ſont en droit de la balancer, de la modérer, de la reſtreindre, de leur en demander compte, & même de les en dépouiller, ſi elles le jugent convenable à leurs intérêts. Il les invite à uſer avec courage de ces prétendus droits, & il leur annonce qu'il n'y aura de bonheur pour elles, que lorſqu'elles auront mis des limites au pouvoir de leurs Princes, & qu'elles les auront forcés à n'être que les repréſentans du peuple & les exécuteurs de ſa volonté.

L'anarchie & l'indépendance ſont le gouffre affreux où l'impiété cherche à précipiter les Nations; & c'eſt ſans doute pour remplir ce funeſte projet, qu'elle s'occupe depuis long-temps à dénouer, nœud à nœud, tous les liens qui attachent l'homme à ſes devoirs.

Oſera-t-elle encore ſe parer à nos yeux des fauſſes apparences de la ſageſſe, de l'amour du bien public? Oſera-t-elle parler de ſon reſpect pour les Loix & de ſon zèle pour l'humanité? Elle est convaincue d'être autant l'ennemie des peuples & des Rois que de Dieu même.

Il n'y a que des hommes corrompus qui puissent écrire & s'élever contre les principes réprimans. Il n'y a qu'une main sacrilége qui ose arracher les barrières que la législation a voulu mettre entre l'impiété & l'esprit humain, entre le cœur & la dépravation. Il n'y a qu'un ennemi de l'homme qui puisse vouloir ôter à nos actions leur moralité, à la vertu l'appui qu'elle trouve dans l'espérance d'une vie à venir, & affranchir le méchant de la crainte que cette idée terrible doit nécessairement lui imprimer. Eh! combien de crimes que la vigilance & la sévérité des Tribunaux ne peut poursuivre, que la force & l'autorité ne peuvent ni réprimer ni prévenir, & qui n'ont de loix pénales que dans cette vie à venir, qu'un sentiment intérieur annonçoit aux Philosophes même du paganisme; qui est, pour ainsi dire, de foi naturelle, & qu'une révélation secrète & continue nous découvre au fond du cœur?

Quelle force n'acquièrent pas ces principes généraux, lorsqu'on en fait l'application à la Religion sainte que nous avons le bonheur de professer? & indépendamment de son origine toute céleste, les raisons même de la politique humaine, ne doivent-elles pas nous engager à la conserver telle qu'elle est établie parmi nous? De quel œil ne devons-nous donc pas envisager tout ce qui peut tendre à en corrompre la pureté? Le fléau de la Religion n'est-il pas celui de l'État? & leurs colonnes ne sont-elles pas posées sur une base commune?

Les détracteurs de cette Religion sainte ont beau nous dire que sa morale pure & sublime n'est, après tout, que celle de toutes les autres Religions & de tous les anciens Philosophes; quelle est la Religion, autre que la Religion chrétienne, dont les promesses soient aussi magnifiques que consolantes? Quelle est celle qui a autant établi la fraternité entre les hommes; qui annonce plus une Providence dans tous les évènemens de ce monde, & qui imprime mieux le caractère de la Divinité sur les Souverains & sur les Magistrats? Quelle est la religion qui tend davantage à tout réunir dans la société, sans y rien confondre; & qui fait du travail, de la fidélité, du courage & de l'obéissance aux Loix, autant d'actes de piété dans la vie présente, autant de droits aux récompenses de la vie future? Quelle autre Religion enfin a la gloire d'avoir fait disparoître les horreurs du despotisme, le spectacle de la servitude, le mépris de l'humanité, & toute la férocité des mœurs des anciens peuples? Il n'en est aucune, sans doute, qui puisse entrer en parallèle: elle est digne du Ciel dont elle est descendue, & des hommes à qui elle est commandée. Incompréhensible dans ses mystères, mais raisonnable dans son culte, & divine dans ses préceptes, elle réunit tous les hommes par les liens d'un amour mutuel, &, pour nous servir des expressions d'un Auteur célèbre, *nous lui devons, dans le gouvernement, un certain droit politique, & dans la guerre, un certain droit des gens que la nature humaine ne sauroit assez reconnoître (a).*

(a) Esprit des Loix, *tome III, liv. XXIV, chap. III.*

A ce tableau vous vous rappelez sans peine les effets que le Christianisme a produits parmi tous les Peuples, qui ont été assez heureux pour ouvrir les yeux à la lumière de la Foi. Et si nous ajoutons que cette Religion sainte fait partie de notre constitution, que ses Loix ont dans l'État des effets civils, qu'elle y a des droits, des priviléges, un patrimoine, & qu'une chaîne étroite y lie par-tout le Chrétien avec le citoyen, on sera forcé de convenir qu'on ne peut attaquer la Religion sans troubler l'ordre public, sans porter atteinte à la félicité des Peuples; en un mot, sans altérer les principes de la constitution politique; & il en résulte que l'impie qui dogmatiſe, ſe rend coupable de lèſe-majeſté divine, & que l'ennemi de Dieu eſt l'ennemi de l'homme & de la ſociété.

Ce n'eſt pas au ſeul auteur du Syſtème de la Nature que nous ſommes en droit de faire ces reproches : que l'on parcoure les autres Ouvrages dont nous avons eu l'honneur de vous rendre compte en commençant ; on découvre facilement que chacun de ces Écrits eſt une branche d'un ſyſtème général qu'on n'a donné au public que par partie : on a voulu, pour ainſi dire, l'apprivoiſer inſenſiblement avec les idées funeſtes qu'on cherchoit à lui faire adopter. En réuniſſant aujourd'hui toutes ces productions, on en peut former un corps de doctrine corrompue, dont l'aſſemblage prouve invinciblement, que l'objet qu'on s'eſt propoſé, n'eſt pas ſeulement de détruire la Religion chrétienne, mais même d'abolir toute créance pieuſe, toute crainte de Dieu, toute communication du ciel avec la terre, & d'effacer juſques aux moindres traces de la Religion, ſoit naturelle, ſoit révélée. L'impiété ne borne pas ſes projets d'innovation à dominer ſur les eſprits & à arracher de nos cœurs tout ſentiment de la Divinité : ſon génie inquiet, entreprenant & ennemi de toute dépendance, aſpire à bouleverſer toutes les conſtitutions politiques, & ſes vœux ne ſeront remplis, que lorſqu'elle aura mis la Puiſſance exécutrice & légiſlative entre les mains de la multitude, lorſqu'elle aura détruit cette inégalité néceſſaire des rangs & des conditions, lorſqu'elle aura avili la majeſté des Rois, rendu leur autorité précaire & ſurbordonnée aux caprices d'une foule aveugle ; & lorſqu'enfin à la faveur de ces étranges changemens, elle aura précipité le monde entier dans l'Anarchie, & dans tous les maux qui en ſont inſéparables : peut-être même, dans le trouble & la confuſion où ils auroient jeté les Nations, ces prétendus Philoſophes, ces eſprits indépendans ſe propoſent-ils de s'élever au-deſſus du vulgaire, & de dire aux peuples que ceux qui ont ſu les éclairer, ſont ſeuls en état de les gouverner.

Mais comment les auteurs de cet affreux projet ont-ils pu ſe flatter de le remplir, ou même de le manifeſter impunément ſous les yeux des Magiſtrats, & juſques aux portes du Sanctuaire, où la Juſtice veille au maintien des Loix de la Religion & des maximes fondamentales de la Monarchie! Ont-ils pu croire que leurs vues impies & ſéditieuſes échapperoient à vos regards, ou que leur fureur ſacrilége entraîneroit votre ſageſſe, ou que notre zèle ſeroit affoibli par leurs intrigues, leurs clameurs, leurs calomnies, & tous les artifices qu'ils emploient pour répandre & accréditer leur doctrine!

Non, Meſſieurs, rien ne pourra ſuſpendre le cours de la Juſtice, & quelques menaces que puiſſe faire l'impiété, quelques ruſes qu'elle emploie pour ſe ſouſtraire aux coups que votre ſageſſe lui prépare, elle ne trouvera qu'un ennemi redoutable & vigilant dans le corps dépoſitaire des Loix. Le poiſon des nouveautés profanes ne peut corrompre la ſainte gravité de mœurs qui caractériſe les vrais Magiſtrats; tout peut changer autour d'eux, ils reſtent immuables avec la Loi.

Les Fauteurs ſecrets de ces Ouvrages licencieux & impies, ſans les approuver ouvertement, prétendront peut-être, qu'une condamnation authentique, & une recherche des auteurs de ces Livres abominables, eſt contraire aux progrès de l'eſprit humain. C'eſt, diront-ils, retarder d'utiles découvertes, borner nos idées, reſtreindre la connoiſſance de l'homme, lui ôter le reſſort qui le fait agir ſur lui-même, & aſſujettir les peuples à l'ignorance & à la ſuperſtition.

Laiſſons éclater ces cris impuiſſans, élevons-nous au-deſſus de ces vaines illuſions; on ne vous accuſera jamais, ou l'on vous accuſeroit

accuſeroit en vain d'écarter les lumières & d'interrompre la marche du génie. La Religion ne craint que les égaremens de la raiſon & non pas ſes efforts. Elle ne s'oppoſe pas à la perfection des ſciences & au développement des connoiſſances phyſiques; mais parce qu'il ne faut pas arrêter les progrès de l'eſprit humain, faut-il lui permettre de tout détruire? N'eſt-il vraiment libre que lorſqu'il ſecoue tous les freins? Il eſt des liens qu'il doit ſavoir porter, & qui aſſurent ſa marche ſans l'embarraſſer. Rendre publics les délires d'une imagination égarée, eſt un crime que la licence ſe permet, & cette licence, loin de contribuer au progrès des idées, ne peut que le retarder, par les écarts où les folles illuſions jettent l'eſprit, & par les troubles que cette liberté effrénée a occaſionnés dans toutes les conditions.

N'eſt-ce pas ce fatal abus de la liberté de penſer, qui a enfanté cette multitude de ſectes, d'opinions, de partis, & cet eſprit d'indépendance dont d'autres Nations ont éprouvé les ſiniſtres révolutions?

Le même abus produiroit en France des effets peut-être plus funeſtes. La liberté indéfinie trouveroit dans le caractère de la Nation, dans ſon activité, dans ſon amour pour la nouveauté, un moyen de plus pour y préparer les plus affreuſes révolutions; & déjà même, ſemblable aux fléaux publics, elle a laiſſé parmi nous des traces de ſon paſſage. N'a-t-elle pas altéré la douceur & la bonté nationales; & ne doit-on pas s'apercevoir qu'elle a infecté preſque tous les états de mœurs perverſes, de maximes pernicieuſes, & qu'elle a introduit un langage ſuſpect, inconnu à nos aïeux?

C'eſt donc avec une juſte confiance que nous venons vous dénoncer les dernières productions de l'impiété. S'il n'étoit que des eſprits nés droits & bons, incapables d'être ſéduits par les ſophiſmes, nous aurions peut-être gardé le ſilence ſur un ſyſtème auſſi monſtrueux. L'auteur a été ſi loin, que ſa hardieſſe même ſemble ſervir de préſervatif à ſes maximes. Le châtiment le plus ſenſible pour lui, ſeroit d'apprendre qu'il n'a pas paru dangereux; que tous ſes efforts n'ont pu élever qu'une vapeur paſſagère autour de la Religion, & de même que la vaſe excitée & portée à la ſurface des eaux, ſe précipite d'elle-même, & va ſe perdre au fond d'un fleuve qui, dans une courſe égale & tranquille, reprend bientôt ſa première limpidité; ainſi l'on verra ces abſurdes blaſphèmes diſparoître & tomber dans l'oubli. Mais les eſprits qui ont leur ſauvegarde en eux-mêmes ſont trop rares; les paſſions dont la plupart des hommes ſont le jouet, leur ignorance ou leur foibleſſe, l'indépendance même qu'on a voulu leur inſpirer, & à laquelle ils ne ſont que trop enclins, tout les entraîneroit en foule dans l'abyme caché dont l'impiété leur aplanit la pente.

Dans la ſituation actuelle, une ſévérité ſalutaire peut ſeule remédier à la témérité des auteurs, à la frénéſie d'une ſecte dangereuſe, à l'avidité même des Imprimeurs, & à la fermentation qui ſe renouvelle ſans ceſſe dans les eſprits. C'eſt un levain qui aigrit tout, & l'audace eſt montée à ſon dernier période. Votre ſageſſe prendra des meſures pour arrêter la contagion; vous déconcerterez les projets de cette fauſſe & altière philoſophie, qui ne veut s'emparer des eſprits que pour les mouvoir à ſon gré, qui ne cherche à les inſtruire que pour les égarer, & qui ne réclame la liberté de penſer que pour s'affranchir de toute eſpèce de dépendance civile & politique: vous calmerez les juſtes alarmes que les progrès de l'impiété cauſent à la Patrie & à la Religion, & il ne tiendra pas à vous que la France n'ait encore la gloire d'être celle de toutes les Nations chrétiennes, où le dépôt de la Foi & des vrais principes du Chriſtianiſme s'eſt conſervé depuis une longue suite de siècles avec toute la pureté de l'ancienne discipline, celle enfin dont le caractère distinctif est l'amour de ses Souverains, & qui, par ce double attachement à son culte & à ses Rois, est & sera toujours le modèle de tous les peuples de l'Europe.

Nous avons pris sur tous les Ouvrages dont nous venons de rendre compte, des conclusions par écrit, que nous laissons à la Cour, avec les imprimés qui en sont la matière & l'objet.

A PARIS,
DE L'IMPRIMERIE ROYALE.

M. DCCLXX.

www.ingramcontent.com/pod-product-compliance
Ingram Content Group UK Ltd.
Pitfield, Milton Keynes, MK11 3LW, UK
UKHW020515180726
13839UKWH00005B/2110

9 782329 579726